HAPPY HALLOWEEN

Bienvenue dans ce carnet de mots mêlés
sur le thème d'Halloween.

Tu trouveras 30 mots mêlés sur Halloween, avec à la fin du livre
toutes les solutions.

Dans toutes les grilles, les mots peuvent être lus de gauche à
droite, verticalement, en diagonale, ou à l'envers.

Bonne chance !

HALLOWEEN #1

J O A T P T R P X G S Z A R G F E D T
U N F E H D Y O P M C Z Z U C A Z K V
F B W B I U S W S V Q I G I C U I H K
M L Q F H R N F G W S A W T E Z R S X
O L N C X I X H P F C O Q P E X B U T
A N U L Y B S P O T H X Y D I I E G A
R S M F B I M Q Z S O Y C E B B M H T
A J B R T L R E N R L I A S I L L Q X
H R G K P P Y B U T C V D X X L H E L
D O F O K A U E M A Q T J I F W L B H
U C Q Y E F C D T I W U C N V U S P U
I Q M L H R D R E G A R U O C O Y W E
N K Z J I G I G X T T Y B L A G U E Z
U N U O B C I W E S E I N P F Z J W R
C D N H E Z Q T T A J R D D A H G X W
O N Y N W V R H N C H O R B R L F L D
T N A S S U O P E R C C O E D L D H Y
E L C S U M G R R E B K T T R A M S W
S I A V U A M S T C K F D I L H U X H

BLAGUE   CAFARD   CICATRICE
COTES   COURAGE   DETERRER
MAUVAIS   MUSCLE   NOIRCEUR
REPOUSSANT   SACRE   TRENTE ET UN

```
Y P L B I B G N D H I P C U A Q T M F
W B I S N Z T H U E N I U A N O M O L
Q W B N F N Q E C W J K S A I M V E B
O D B M A P V I A W F B B L E M V M X
K C V U H F F V L P D K E O B X D Y Q
L B W M D M A N X R X K W P M M O X G
I P V V A N B U Y N D G H O O O C L M
P Z Z J K E L Y H y G B Q K C W K D U
M M B J Y I K Q A D O P J Y A F M R J
C G F R N X L R E V E N A N T S L S X
Y D A R E K A S G C E G K A A S J T S
F L Y D A I E H A X N G I E C C Z C N
X H B V G D U S L I C R N G C R R V Y
M B C N N M Q J L E H I S P C E O M M
C C E E W E U Q I T A M O T N A F V D
J E G N D V R L U J N O M I T M P X U
V E P I J A R S Q U T I N I N N V O R
L Y E U W R E H A C E R I B M P I S Z
H T S J X B P T M L R E E E J I G G X
```

BRAVE   CATACOMBE   ENCHANTER
FANTOMATIQUE   GRIMOIRE   INSOMNIE
LEGENDES   MAQUILLAGE   PERRUQUE
REVENANTS   SCREAM   TOILE D'ARAIGNEE

M I M H L K T J W C I V Z W P N K W V
R T P N N S B C L K E S J J N V F Z X
Q Z V G M J T Z N V U J R W V W Q J U H
C B F A M U J O S O L A R J L K T B E
I Z C K R J V V U D P R F G B T E Y A
K C L R O Y A C Y S C D B F K N Y S E
C D Q S R X H S P Y Z B U U A M C P
F P P H L A C C L A I D K E C G B N N
M Z C V E U U O L I H L I C O A B T A
B M M S A N U N Z B E S O O U V W E E
R R U N U P A R C M X U N U P A H T I
Q A D X C N Y T A T T J X T U R E T G
S X J C C V L R J R E N V U R T X F C
O K L O M X A N E R A M M M E X H C H
E T G Y O C U M K T U X Q E I E P D Q
F M S S Z Q E W G B N J N D Z V F R K
E R S X J N Q Y A Y Q A J Z J E M B L
V G P U T O R C H E Z T H X B K Y H H
K S D Z V P Z R L F F B C D H Y H G V

ACCOUTREMENT CARAMEL COUPURE
COUTUME EXTRAVAGANT HANTE
LAID LIEUX LOUP
OS PARC TORCHE

```
P R K I J R F C P G K G G C U M F Z P
Q V N J Q C H P B V Q V B R T X R Q W
M K L H N W K U C A K L E J P B Z T I
S Y M R O Z O E M O R T M V I V A N T
R J U M Z F P R A O R O M C Q B S A S
V I K A D M A F S A U Y C O A J S N S
G O V B Z T U Z N P L R U O B F F N S
B O I B J J K S F B D T X A T G C O Q
I O K G W P P H Y R F T J M L T R T M
G I P J F A D W Q Y X E U B P C P E M
L F F T R Z R W H U G M K Z E M L I N
U K L E R I A N I G A M I L T T D G X
B O N X B Q D D Z V D S L U T K E U T
Q T Z O X R D Z E Y Y E F D E B U S M
X R J P G Q V A V N R R S C H H S I N
A X Q J D V Z N I I X E M F C H G B T
J A L I U Q I H E S R J F D A B N Q Q
K M T V Y A D S Y W O Q Z N C T A Z A
T T F M E T A M O R P H O S E G S L U
```

BETES	CACHETTE	ENFER
ETONNANT	FOU	HUMOUR
IMAGINAIRE	METAMORPHOSE	MORT VIVANT
SANGSUE	SORCELLERIE	TRANSPARENT

```
V S Q D F I B V I D H K E F Z R J W B
M C R Z H K X O T C P B C H Z S V E Y
I G M C R M Z I X D A H J X S X P Q J
X E V X N S W U D J A Z I F O U T W C
R X O T D X P Q V C T N V L I U O U V
N P Q Q O R L V V G G Z I K N I S A D
Q P U H P S T P X R S J K U R W Y F L
U W B U Z X R V Y E R T A B P T F Q E
E E A G Z W E V Q P M P M I Z I L A H
L W X L M N M A L N A Z G G Z H P X O
I R E I F U B Y I R S C F G A A B A B
X C K I K K L L K Z L N Q L U P T U Q
L C H A P E A U N O B N O B T B Z L E
L M A X F I N C U M W B B I I Z Y D F
P C L D L S T L S B A S K U P G W B E
R D R V A S N O R I T O P E U R R E V
G S W J M V U X T E G R E I C J O R C
J W U O M P R Z Y U K N Y D I P T C S
I X S R E A O E N M O T U A H G B Y S
```

AUTOMNE	BONBON	CADAVRE
CHAPEAU	CIERGE	FLAMME
POTIRON	SCORPION	SOUPE
TREMBLANT	VERRUE	ZOMBIE

```
X M C J N J W U E L O U P V G A R O U
T Q M T E F P D H M P J A U E R P H M
Q Q I O H K E P V W L X R G Y V E F T
V O D D H S Y N A H Z X A R P O G V V
N W K X D N P G Q C X T N G P B D V P
C E C L B Z S R M Y V A O I J A S O A
F S R T V L X Q H H H D R T F B E I W
Y L N L O I N C A Y H U M I D E L C F
S K E D N I E T W P B A A M C L E B U
N O C L N W I U T E N S L N U B B R D
B P L O T X L D S O Y Q E M A A O I J
K Q O L R Q C M I S O L I R W I W J N
V R U C Y Y E R U A I N H X T D D K R
X J C M Y D G Y J S A N G K R C D K W
H U W U E V F V S T I X A A E E E E J
I V G A I F L R I E D Q G L P R R P J
I T C I X M I O R R R O U M K X R Q S
J X C M E G N E M O N F X E V C R H F
A H Y E G S U J L F I I K J R V W W Q
```

DIABLE
FORET
LOUP GAROU
PARANORMAL

DRAGON
HUMIDE
MANOIR
SILENCE

FEE
ILLUMINATIONS
MUSIQUE
SPECTRES

```
D W O T O M O S U Z S P T H O X W T E
Q Z A T P B A R B A R E U T R B D B A
K H V A O D S O K B C V M V P P P Y G I
Y R D U E V F C H N S V P F P I P C I
F E H U K K E P U C C O E R P I T B Q
M F F X B O N A B R N L S L M N O F J
E R Z V V V G T T X I L F M E I L J M
S H T C C E I H L   P T X M B H F H Q
C X X O U T C Z F V N L E E R R U S P
J A L X S U P Y W A B S I Y Y I V B V
Q U E L L T O Z S Z S Z Q B C N S Y Y
A E J D H D H S F I K O T C L N T L T
B W X I G Z E A R E N N O S I O P M E
U S E F D R V B O B K D R Q Y Q M J Q
O P S R T B M N I H B B H G C P K L V
Q X S S N O J V D U B Z R R E R U U X
I O X B S Q G C T M U W P C D R X L I
J N E S C N A G A B D C F V H N U E X
S U A E T A H C Q E A E E L Y X R X M
```

ASSOMBRISSEMENT	BARBARE	BOUH
CHATEAU	EMPOISONNER	FROID
NUAGEUX	OBSCURITE	IL
PREOCCUPE	STRESSANT	SURREEL

```
S C U U Z K R Z F N E F X C O Z Y B D
W R J Z W K K U E L E U V N T G E M D
Z C X J C F C O X H I Q W I Q V U H K
E F S Y K E M H J I Y B O F E B A D T
F K G S X H B Q U K J D W B S J V E D
I G C O X U K U N T C G U P C J G L E
N Z Z Y W T R C Y H Y G Q K V E U F N
A O J H I C J X I J F N N L F A Q R I
V H C G W U M A B R A C A D A B R A A
N H R G O Z U D Z R I L E V E S N E T
J P Z H V E D G Z N L N I Z E N I L I
G B K S M Q S I V D I P I E D M I B M
B A A U D G Z O B L E M V Y O E V I V
Y U G U P W C Z A R H L O M M N Y S E
E Q O U S A F N E G Q W G M O M O I U
E L Q J T V E Q Z K Y N O Q H U I V Q
F J B I O R E S Y A R S Z V R K H N O
A K O S D L N N L N U F R I H F U I R
D N T A Q B Z V S D B O S M G W H U C
```

ABRACADABRA	ADRENALINE	AIL
CROQUE MITAINE	ENSEVELIR	FUIR
INVISIBLE	INVOCATION	MOMIE
SOMMEIL	SOURIS	VIPERE

```
B D U S K B X L D U G H Y I N G X D W
B B W F M I Z O A F Q E G Z Y F M S
C T F E P A Y A C J U W C L C J K U V
J P U I U A M W W H X C D L Q K Z A R
U B U T D T Y L C M X Q V B Y Y V R B
C W Z I W H B U Z C F I O F H P P C L
K J M Y I L B L S F I R U H U R L Z K
W F X D Z O N E T A I T R E C G E V J
L S P W R O E U L N I Y R G Q R P G O
N D X P Y M T A G U P I Y O I I T X S
R U Z E N D B F N H A Z C U U N E V Q
Y I X R C I W I V L I L H A A I S W M
P A Z M E R M L U D C R A S P B L F A
U L A L H G O P S V B R U L U R E L Y
K Y U L S N O X X Q E M D N J F X I E
T V A H P P Z U E Q A G R E V I H P G
E P H W S G Y L J E R B O T C O W P R
T M M Z X P J Z I K E I N O M E R E C
W G I V B J A I G H Y P P L U E U R U
```

AMUSANT
CEREMONIE
FLIPPER
MINUIT

BALAI
CHAUDRON
HIVER
OCTOBRE

BRULURE
CITROUILLE
LUEUR
POPULAIRE

```
F A G G R T M T Q T O O S U Y A B Y T
M P O F J Z B F I E O V I I S S U H W
N F V H V F W M W W P M V L W V L E D
W Y D I C W J B O D C J B W Y Z W S J
J F Z F F B O H A N U F B E J L A C H
U A E Y U R K M E C S P W F A S C T J
X T E R I L E D K A I T D H M U D O P
H T T S O R C I E R T Z R Q K F H Y Z
S O E J B C V G U O Y U B U U G I J T
N T P X D G E N R U T C O N E S Y C N
O Z T E A N R M F C O Y I P B U W F O
I U Z Q I Y O J O M V N F U A W X A W
T Y F U V N G L K F G C H E H V C P S
I F R A N K E N S T E I N H R S W D R
R B O Y N Y P C R R D D H G Y Y B Z Z
A M Q I Z T Z X Y A L R W Q B B E D C
P G A B M B O Z Y S E J W H K Q J R X
P V U I Z X Q M K P U E D F E I F M B
A E T D L R Y C E N K S X Q L Y Y D I
```

APPARITIONS	BRUINE	DELIRE
FANTOME	FEROCE	FRANKENSTEIN
GORE	MONSTRUEUX	NOCTURNE
SORCIER	TIM BURTON	TOMBEAU

```
U T X W N A N I I F W T K Z W K N S E
M B D T C V H F V D Y R E T U T P K R
T B Y L P K Y S L E L O I F A Y Q R L
W I N K A U M I K H N H X R O C M T H
Y A B W F L B K K C N V S J F D T K D
C F H T Z D R K L N C P O U R J H F O
Q P Q N T Q T C U A E N L U C U Q O Z
P B E P R J R Y U L A L W Q T Z Y N G
Y Q H Z V O T Z J B N I Y E S E O N Z
Y N M L X Q B Q C I K G H F V R R E R
Z M S L C V W R T T U R G N K E K M R
X J S P J T K I D I Z A L O B X O S H
Q W V A X B R F A U C H E U S E A W C
T X B T S E F O N N L J H B E F Z H X
Q O L A I C E P S M S S J R M C M B F
J V U E K O B Y E E M U F V F A Q S B
V T N A   A N E M X C R K T B O L O S
A P E T O C H E B U K T R L Y U C F V
S E C U H H S Q J T O N A I P C F I T
```

DANSE
FIOLE
LUNE
PETOCHE

ENVOUTER
FLAMBEAU
MENA ANT
SORT

FAUCHEUSE
FUMEE
NUIT BLANCHE
SPECIAL

```
Z D Q K E Q M X X Y N C O F H K M R A
Z E G J Y Q B X F X M C C F C E A W A
V P J B X A F C Z X K V E I K O B O R
O V B T I C F B L D E M W L H T K R A
U F W L W W I G I C R A T Q J L K S A
Q Q B W N R V K F R H F H Q Y P A O I
G G S Y C X N H E D P K B E R C M I C
O X I V A O I R P U G W R O M W J R B
T M P Q L P O Y O G Q T N A R O V E D
L A Q R N C N W D R N I N H Q Q L E O
J A M B E G Q J H A T D T B I U L P B
K N X D C Q C E L X I E X S C B K M L
Y L M W D G E O M B S H H S A Z O K R
O C A R Z R F V U H P U U T U T J U P
B X P V R F J L L L S P U U N E N E D
B K V T A A E B W L E O T L S Z U A H
Y Z J X H V M F E R D K O G Y I V R F
B B A U J B M X C E M Y P X F T X T M
O K J O H E S M R I L L I U O B L K V
```

AFFOLANT	BOUILLIR	CREPUSCULE
DECORER	DEVORANT	FANTASTIQUE
HIBOU	MANDIBULE	REDOUTABLE
SAC	SOIREE	SUEUR

Y U I G U C G M D H G M M M M M N U H
R B B O J T M U M C K Y S L A Q N K M
B A J E Z W A V F O V E N T N K V O W
A O S H C T S P G A V B R S I B N P S
T T M Z D P G O Z W Z Q Z R H S D K W
X R Z P P T H F X P K E U D O C H U Y
R Q I F T V X A H V U N Z W G G D O I
N C R S I N K T W G L A W Z X Z I X I
S I A X H S O F K L V S B N B K O V G
Z L F E H I H G M Z V C L Y X L J C S
P A W R I A M A L E F I Q U E L V M D
V Z H D W U G P P L I E U C R E C Y T
K Q R Y Q S N O V E M B R E D T O S K
C S I Q S F A W W C S O O L N Z V U K
S F K N S J S K F R   I R C W I T T O
V O W S E L A H F O E U T U J U A U S
C D R R T M K N N S G H R N G C Q R U
T Z N S A N G U I N A I R E A W H E G
B U G H S O R C I E R E R P S H B H M

CERCUEIL   C UR   CRI
ENSORCELE   GRAINE   HANTISE
MALEFIQUE   NOVEMBRE   SANG
SANGUINAIRE   SORCIERE   SUTURE

```
N V I C L M I G I W T D G I W N D Z A
R O M E Z H O J I F P D J E F W Y G I
K B Y Q P N L R E Q Z F D R Q Q I M U
D L I P N D Z K A T B U Z A U F M M F
F L U A T W N D Q E U F Y A W J N K L
V R T Z V U S E W P Q H K Q T W O P
W Y R P U H P I T M J Z M T U F A D J
B M A C A B R E N H H X K R A G Y L N
T J M Y Z I M G G W E K T O C S E S C
F Q E R B M O N E P X T D H F F V D H
V F H R E M C T N U S M K I Y C S T W
I A C O X O R E I L L E B X Z W E U D
Y O U X R R C P F G G S U V Y N Q G X
M W A C E T N I A R C O Y Q E I X A C
M Z C P H E N O M E N E M B S Z F R P
S X N M G L E R U T A N R U S A S Y I
W Z S L H Y T K J A J E K K J X M V S
X Y L N S Y W F M R U W J E C I L Z A
H A C E Y J O X R X P A O Q E Z X F R
```

CAUCHEMAR   CRAINTE   CROC
IMMORTEL   MACABRE   MASQUE
OREILLE   PENOMBRE   PHENOMENE
RAT   SURNATUREL   TENEBREUX

```
Q H G J N L V R P J K Z X Y Y B K Y Y
N W M M Y P S S H V H I U X O Z A K Y
F G P J A O O N G L E S Z N C F A Q O
Q E Q H F L I A T N A V U O P E F M T
C U R J I W E K S L C F Q M J W D P J
R K Y T N S P D M K W T G Z G W K K N
Z S U M S I T I I C F M J G C J M S H
U D G B A E Q O D C H E M I N E E E T
E S S O F G R Z I F T O U S S A I N T
R V J W D F I R S R L I A G M E M O H
U M A E S T O E E Y E P O D O J I K F
S H K C Z K N B G T W Q S N L F C M Z
S Y Z S A H O O Z X A U T Z B R K D U
E V U X N W T G Y G E R Z E X R C J G
L C G Y W S A Y K O W V T E H A Z P L
B F N Q V A H M Z I M T O X O L R N Z
M S V V Q P C F W T E X I X E B W B N
S P N K M N A F V Q R R N Q G M U D Z
I S F Z Y Z E W U T L J R M F J A G P
```

BLESSURE	CAVE	CHAT NOIR
CHEMINEE	EPOUVANTAIL	EXTRATERRESTRE
FOSSE	HISTOIRE	MALEDICTION
ONGLES	SOLITUDE	TOUSSAINT

L Z O T A N A L S X C C P E R M W U S
E N H U G M Q J G O H G N V E X K J S
R J P B G Y F C T C Z Q C Q J W C C K
J U Y J S X F P X T U V U D C H L S F
U A H Q U B I F A T V U L E C X Z I M
D Q B S S B L E S E F M P E K Q Z Q C
H F H P L X S O R T I L E G E S D G L
J S S K C P P H A L A N G E S Y O B N
X Z O I C A N R E M H W D T H W M O G
C W J N L N E V Y Q B V E Z T T K T J
Z S Z F H N L T G L N I T U L W L M D
B T J I T Y H V O I L S A M E S T C Y
Z R G U F O B J D I Y I T N K A H R T
I S L H L U D I Q U E T P V C W I I V
L E O O I O I L N X P E J M W E T Y S
U R G N O M E C Z O Z U B G W N N A N
O I S I S C Z Y O H   R O S V H K D I
E R E I T E M I C L E S F B L I J D J
I D G I H J H I Z Q V A Z G G E P M D

AMBIANCE   AMES   CIMETIERE
GNOME   H ROS   LUDIQUE
LUTIN   MYTHOLOGIE   PHALANGES
SORTILEGES   TARENTULE   VISITEURS

```
B F A R C E G G D A N M T S S S Q E R
C S E E P E Q V P J C G J V V A J X P
E F T M T Y M P A N Z T B E G N T C Y
Q U E E U H A E V S G E I T J N I G L
O L B F O R U Q L R N K Q V C Y K L X
L Z Z L E T S E N U F J A V I D V Q I
D K W N M N O A Q D M G U N W T Y M J
X G C U O P I L R R J K I S I C E L N
F E G I X N K G E C S A N W A Q A F G
A P G T Q P G P M D O T X R O G S S D
G C Q N L R O I B E J P K S S W F A F
V E C K A S J I O G E M H H E O H Z R
D R W S X R I J O J F A L A M J W L L
K O E G U A O P M K G R B B B G Z I Q E
A I K Q O J R Q K Y S X I V K E I E P
F F V E I M M R K G F D O C K D F W R
I R P F B I F D T X B K G B T M U N O
Y N W I V X D B Q D V P M E N Y M O C
B G C W Z U Z J P X R D K C W U B K H
```

ACTIVITE   APPARENCE   BETE
ENIGME   EPEES   FARCE
FEMUR   FUNESTE   NUIT
OIGNON   ORANGE   SARCOPHAGE

```
P E R E M O P P H N I K M W B G P B S
A R D W H L Y R X V H V I I B V P Q B
B T O K K M J Y J I S C S C G A A N C
A I K A U Q I N E C S N C N J A Q C X
S Q Q X A U D K P M R B X J A K D W U
X O O X F F R S I X W C T G F S Y B E
T F T R P X V C L F V F W M N H X L S
E R O S C S Y N U W B O U G I E N V E
T C F F J L O C R W G L R V C E X W H
N O S S I R F P S W G K C S D D C E I
A G A Z E P T Q F G D L D X J B L O X
S Z U F X O U A M O V O V I K G Y L E
S I K I S F A W C A S R Z E R O V E D
I K N H O Y Q C O R B E A U Z H U K E
O R S I Y U A N I M A U X Q B E X J B
G U B G S V B K R V M H B I K V K I R
N T G J E T T E U O H C V N L O Z Y Z
A I T A D K R K U B P A R A O R R W M
L X U Z Y K B E B O R J A P L A M S C
```

ANGOISSANT   ANIMAUX   BOUGIE
CAVEAU   CHOUETTE   CORBEAU
DEVORE   FOLKLORE   FRISSON
PANIQUE   ROBE   SINISTRE

```
I D D D R K L Z C E L Z X G I H U B A
X F M O Y T R C B C D T G S O G Y G U
D T T C Z O Z H A U H I K M E Y Q R I
I B L E V   R E D A S X Y Q I M E D U
T S H P F Z P E R X W T A J L Z D R L
A Z O M D S Y O L J C I E H E R R N F
T X H D V Y I J U X O X R B D R P E Q
J E Z O D Z O G D V V F V H V J E R U
P H F L W Q N O I T A N I C U L L A H
B K L G M U V T F L U N P G B Q B B X
S M F S X P E H F K B J T L S R A P B
M G I G E S P I O R E E M E N E N Q P
R J L J L W W Q R E S U C R E R I E S
B C F V E I G U M V T L J V I B M T O
I Q G L G L V E E P R X E W C E O A Q
Z C D Q P C K G E E E R L H I L B R O
H G E L K E Y U L Q S X G E G E A I D
I B C H P P T B B G S P S O A C H P H
E Z P T W G Y V Q M D K M G M E J O M
```

ABOMINABLE

AUBE

CELEBRER

DIFFORME

POUVANTE

GOTHIQUE

HALLUCINATION

MAGICIENS

PIRATE

REVE

STRESS

SUCRERIES

```
N Z W C J B W H A B D E C D S M Q Y L
C L Z C U W Y N V N D S N P C C O B B
I J T U D K K T Z X M S L D S M T R J
P I Q D S E B S L E S T I Z B T K B K
Y Y Y I T Q K R E H C S M X L N M Z K
T V E M T B G Z U K T L Z H S R N U Q
N Q S H C L K X I E K V T K O H H A W
P S X C B S I N B X Q O M R F M S A D
I L Y G Z V A Z S G Z X N Q Y V M E E
M A S E C G T G D E W Q H E F D T C G
Y Z X D M D P M R D Y M N E F T N E U
X Q X M P V W D Y W M W F C E A A R I
B V R U M N R V A E V C K C L T U V S
W V T C G O G E D P P V U B L S L E E
D R I D M G N E R I X S X Y O I G L M
T A B M G I Z S O R B P L U X Y F L E
G G T A X I D G T Q A G O W Q E A E N
E L A O V J Y F U R E I T N E D N U T
L B T S Y B L P D R E U N I O N L R X
```

BOYAUX	CERVELLE	DEGUISEMENT
DENTIER	DRAP BLANC	ELFE
GLUANT	MONSTRE	MORDRE
REUNION	SUCETTE	TOXINE

J A P X K V D E Q T A H P J K E Z V M
M E Z Z Z V F B V Q K W U G B U S Y T
T X F A U K Y M A W B N E L H U Y T T
W B K I T J E B M L N S I H W N O P T
D C X K X J C F C U J K D A T R C N O
R R E R R E T N E S Y J R N O O K Q H
E H O R R E U R I S S G D J Q M S H T
V W V L C G C R S B F Q M E N Y T G Z
C S T W E I R E T N A S I A L P K P C
U D T H R N E R U X B I N M D E A D C
S M C E I S A O A P U M B Y Y I F R L
I A E O P E T V S J L B S A O N G F X
H U C R M C U E R C E X Z D J D X H S
Y F W B A U R D U W U B Y F Q R O J M
G F H X V R E S S I X L Z D G E K J J
Q P C P J I B L H T A X M A F M W X B
P T L C E T W A S P S P C I F V A H Z
T D V P H E F F N S D U G I V X Y R I
Z F Z U Y O U D I Y Y O I C E Q E D A

CREATURE DEVORER DROLE
ENTERRER FABULEUX HACHE
HORREUR INSECURITE PEINDRE
PLAISANTERIE SURSAUT VAMPIRE

```
C P M C X Z L V B P Y K L Y P S T K K
Z T Z T B H X C V A U E C N A Y O R C
U D R E V R T W V O I S I N S Z P J W
G K V I Z W C E A R A I G N E E C D P
W R C U N X I B V A O L H P O P J G K
Y M O Y U N G A F A Q G I V Z S A T O
H S S W E F K V W L Q E D G W O I R B
U Q Z S W H L O T T R Y E L P Z Z A R
O M X G E W I C X R N R U F H V N N M
U W T V L L H E E Y V L X E I F N S Q
I S B Q Q I I N G S J O U T B D X F Q
Q N F Y B Y T O N K P M A Y O H H O Y
O N Q Y P O U I T B V R X G J E W R M
Q Z Y Z M V R V D E G J I D K T A M C
N Q C B K B L B P U B M S T P G P A U
D R A C B D P K K F A F J K S J I T G
O L Y U H V R N P Z F M X Z V Y K I M
E N I K S O F G L B P P O R J T P O R
W B Y N Y P B A T O N B V G J L K N Z
```

ARAIGNEE   CROYANCE   EGLISE
ESPRITS   ETOILES   HIDEUX
MAISON   MAUDIT   PIERRE TOMBALE
TRANSFORMATION   VEINES   VOISINS

W X W P Y X J Q G X X B G P D U F K R
N U M K Z B X K Q Q S T P S N L J V Z
P W Z K W A O C R A D M D G F C Y U V
S I F C M J Q M Z U X E G T F F S T Y
O D N Q F Y O O P H D M M N X T F L P
A Q H H H X X H M N Z X P W M S A V V
H R B O X D Z G O A J C W R F L O S R
L M Y X N O I T I T S R E P U S U H R
C Z U I A S E G A R O Z N U F M X U H
O U P V I S X L R A L I T A T L N N E
W T O M B E R F Q O K N E X Z R W H M
X A U L I M V L I S D D S J E M Q A N
C N P H T E R E T S Y M Z P Y Y Z E X
Z N E N N O I T A T I S   H Y V A Y
O Y E I O T U T R B I K S U K L Q I O
P F N E I S Y L A R A P B T Y X U P K
T P K J J N A K J U M D T V O X Z B P
H Q Z K B C L Y D M K I O B Z F J C E
C X L E C Z A P L E U Q I X O T Z F G

BRUME	H SITATION	MYSTERE
ORAGES	OSSEMENTS	PARALYSIE
POUPEE	SUPERSTITION	TIBIA
TOMBE	TOXIQUE	VENIN

```
J W N A P I C M X O X Q S T I F E T N
Y B H S G D W S P W T N O J R C S N R
H I U B D F V I D G Q S P F D P V L M
C G F R A D X W J C G M M D S H T E B
K F Q W R K P A K D O Y M Q Z V E U G
T L K P B Q J U R N L N C N F F B W X
B O D S V Y H A J T U H C P E Y P I H
Q D P J S K L K Z D J G G Q N Y J B W
F J E D U V L H U Z F R F J J G D D D M
H H H M I P L J Z B E M P P J X S G C
G L X U E U T S E J A M J A X C B R S
J V O U B L W F W O H Y R R O K W B E
I R R O W L B O Y W M M B O M A A Y D
B S A F L W M A R M I T E G N R P M N
L E D T R O M B E D L E T E T E I G H
T M G E I S D I M R I G O L A D E G W
F L R T R I A L C E G V S S R P V H Q S
M D I E E R I H C E D A V U K Q M C N
O Y O V S R Q E M X S K W T J A R L B
```

AGREABLE   BROUILLARD   DECHIRE
ECLAIR   ENORME   MAJESTUEUX
MARMITE   PEUR   RIGOLADE
RIRES   TETE   TETE DE MORT

```
D N R U C B R X V A V C N J V R Z G L
K E I R R Y J Z H O A T K E T V R O P
X N L Y C C S G M R I H Z B Z S S I W
F R P C Z W G R O M T J B S H E Y N N
V B A R W D T X M T L C N I T B H R I
H W J T N J M G W T F D N G K Z K T H
P R O H P Z N I T N M W K C H V V I Z
E U N X D A D J P E N I C Z Q E Z V T
J S Z I D O X X W H X K W O O L W X H
L Q O P S E H C Y U L C B S R L K U R
L U F S F A B P N K U I N D Q K E V V
L E N W M I N H U M A I N Z K J R I E
O L V I V O U G V A E C R I H J P Z P
Y E E E T R R R L J J R G J O N R Y U
S T Q I P S Z B V A L E U R E U X H T
R T S O A H C N I T N A Y A R F F E K
F E L L I M A F E D J T E N E B R E S
R I O N Z T L V O R E C O L T E R A D
J H C N J W X E C I D E R X L B S P U
```

CHAOS	EFFRAYANT	FAMILLE
HYPNOTISER	INHUMAIN	MORBIDE
NOIR	RECOLTER	SANGLANT
SQUELETTE	TENEBRES	VALEUREUX

```
S P I O C Z E H A H G F V U O K Y B Z
C H N G G D D W A N G O I S S E R V L
X A Y O E Q S C S L S N E M N G A U U
O V H I U H Y X U U U A W U O U V U R
Q S M E Y Z D G Y Z Q C U H J E S Z T
H I O Z Y Y U X V R A F A V Z M X M O
L M R I R B U C H E R T P R T S F V P
P A S L R W R N Y O L A K C D T B G D
D A U E P C T U Q U B B D L W O Y G T
Z V R F U N T C M A Q X T H C Z C E J
D E E F O Q Z H Z E G N A R T E V F N
U E J R N R I I Q N U L V V U G L Q Q
R K X A P W M L W J W X W I E B R W D
V I S Y Z Y Q U O D I L H I I V X U N
H B B E Y C Q S L B T E Q H M N C M V
H E S R Z X O K J E A S K F J Z E N D
M D K B D P H C W Q G I L W Q D L A X
Y C O B U H O S I B T O D T L V M P F
L I E N R A F N J V I M G M F M R O V
```

AMIS
BUCHER
EFFRAYER
LUGUBRE

ANGOISSE
DIABOLIQUE
ETRANGE
MORSURE

BRUMEUX
DRACULA
FORMULE
SOIR

```
N Z A Z P X E G T T X I I H T D H K R
F Y K C R Z E G G V R A G A H P Z X X
C Y P L M J E Y M B A A Q Y W B I P M
U A U E H L O J I R W A R I W Y D Q V
E I Y D A N T W G V P P Z X O I O S B
K M M B Y Y U Z P H Q Y D A A R W D
I L X M N D B U J F W Z E A Z E M J A
K F U N T Z U G S U G G E Z I V G G N
L Y T I T S O Z J M Z O L N C V Z Z S
W H R F H M U A J U N T C E A E Y R Z
C T G T L H W H D A V A N R V S C V
I A U D F U U E H N R T O A N B E E P
R V N U J G L M R N A U S R I F H T A
F D C U Y E S E A U M I I C V X D G S
Y W J P J A R T R I C F O J O J E U X
B S P P X P I E U J N S P T R O M E R
Y H H I Y O X T D A M A B W E G O U J
K V C D N B M W I A V I W O E T N L C
D P M B K H E B R J S D T Z S V I E Z
```

CARNIVORE   CENTAURE   CRANE
DEMON   GUEULE   HUMAIN
JEUX   MORT   NAVETS
OBSCURE   POISON   REINCARNATION

```
S H O Z E J C I O N H W M P C Z E F H
P G D J S P Z L N Y W H W E J Z G A H
P T B X W Q G Q E E P Y O H W S C N E
B I A J I T D B Y F E T E D G A F Q O
W Q M V A F L Y R F I Y R C E V Z C V
A W H O E L C A C L I C E H T N O F T
P Q W L T A P W L Z O L T U Q D T P B
X R L T D P Y U D N B N T I H C H U F
Z N Y V E O S K F I I N O L O E K M H
M E K R O I F I R R Y M P Y U N M M A
F X Q B O A S R Y H L X X W Z R S G U
C T P N H E O B D B Q X Y U N E C F M
C I B T R H A K M T T A R W G T S U T
H G D I R L E P E A C C R V S N Y S W
X F E T F J G Z P I I P A N W A X R X
F D D G C F H G R A S U H O G L N N I
W L L H T Q H V C K T S J T G O C C A
Q Q W M H J U U K S V E R T E B R E S
M J H B D I O A K R L S R E T B H N P
```

APPATER	CONFISERIE	DENT
FETE	FICTION	FRAPPER
HARRY POTTER	HORRIBLE	ILLUSION
LABYRINTHE	LANTERNE	VERTEBRES

A N X U D C E K F E M Z U A T L O O H
M F B V Z W B C D I P T J I V U P K Q
O R C K G R X E Y T G N Z K D U E G Y
X E H O M N U X V N U L V C C S F U H
Z I A A I X Q R Y C T V M X E S V C Q
H V X E L T O G P N Q O Y X J V B V S
O Y E J N L M O N I N P T H P V O T M
X S C W B R O K O S R R N T O T V Y V
R B I V Z F I W T O A P N O I T O M E
D L R G E F J R E O G A O M B R E S L
Y X S F F R U H R E T N I O R E S U X
I D Y U T O P D R E N H T P V A P T Y
L B Y G S Y I B I X C H A N D E L L E
K E N I D N A U F Y E E R I O H C A M
V Q T G A I Q H I F R N O I T O P H B
S E B I X N E R A C V C C O G S Y A C
Y M R T I B D O N Z E G E R W R O Q U
B E U I W K S T T Y A R D M S I M D H
B Y X U J Z I X J M U U D O R Y E J I

CERVEAU

EMOTION

INQUIETANT

OMBRES

CHANDELLE

EXTRAORDINAIRE

MACHOIRE

POTION

DECORATION

HALLOWEEN

MONSTRUOSITE

TERRIFIANT

```
K Q W D W O D Z F S N I J A E F F T X
A O D M M M E U B J Y E K B P C A N E
F I E P T A C S U R U M O C G K E N S
T B V F K R H E J G A B T X Y R M J E
F G Y E A Y C V B J H C S W Z C Y F D
D P A G O X X Y A L C H I M I S T E T
I X S G H P I C F J O A L A J X W M E
U E I F I S K O F T N I H G C T F M N
Q N O C A X X E R S F R O I E E L O L
Q K D M M G D A E R U D U E F A T P Q
Q L A U B N D D U Y S M E X W F N V D
J N J E F I E E X L I T T J L T R T C
Z X F L T S C S F V O Z T J C G G D X
E E Z I S R U C L R N T E Y F D N J R
Q Z O O A K E I O F U Q D P D A T Z Z
A N P F O R A U R P M N P H W U S S N
D E A I X S O Y T Y U P L I E M C K B
U R Q E O E O J U P X R Z P X Q A I A
J Y V E D A G T C Z Z V E C F Y J T K
```

AFFREUX	ALCHIMISTE	CHAIR
CONFUSION	FARCEUR	GEANT
JACK	MAGIE	POMME
POSSEDE	SILHOUETTE	TRADITION

Solutions

HALLOWEEN #1

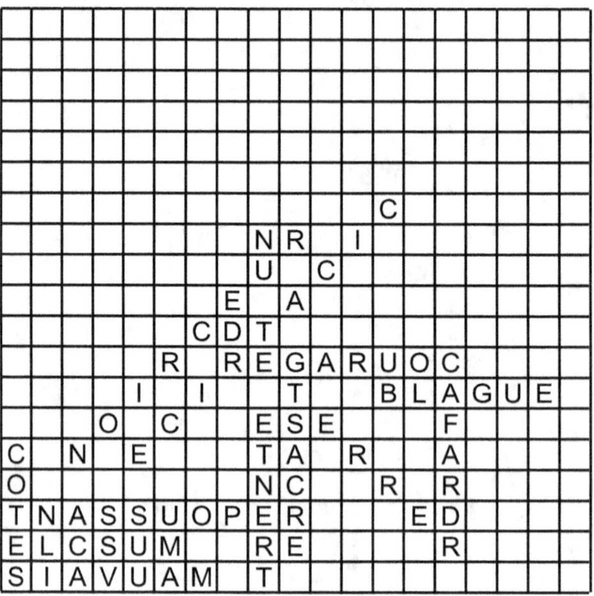

HALLOWEEN #2

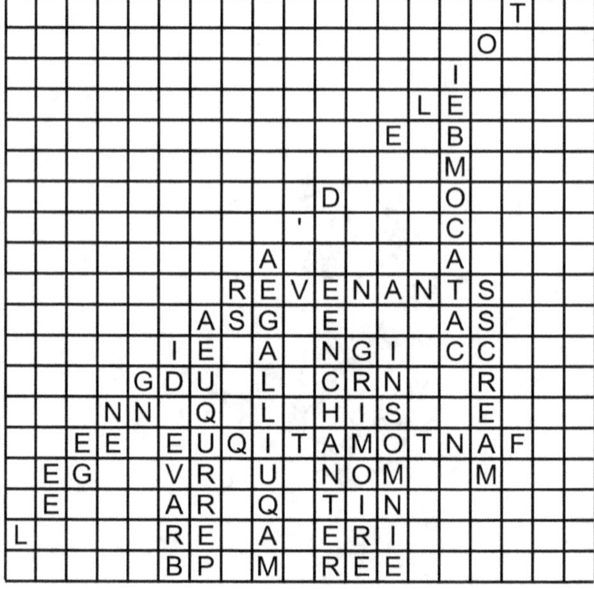

HALLOWEEN #3

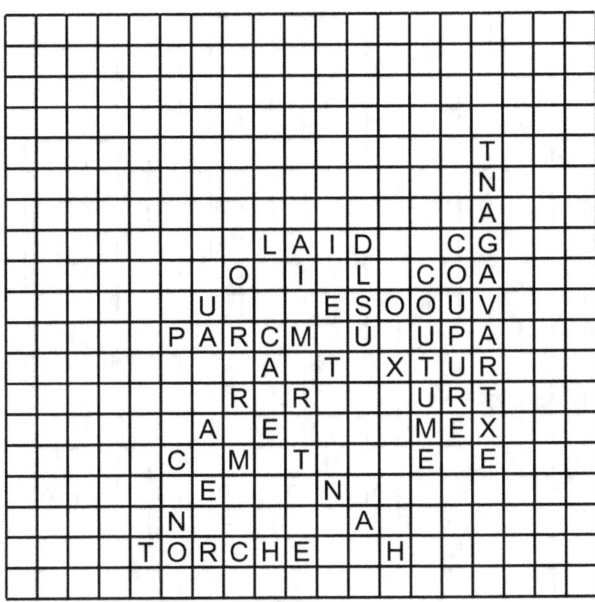

HALLOWEEN #4

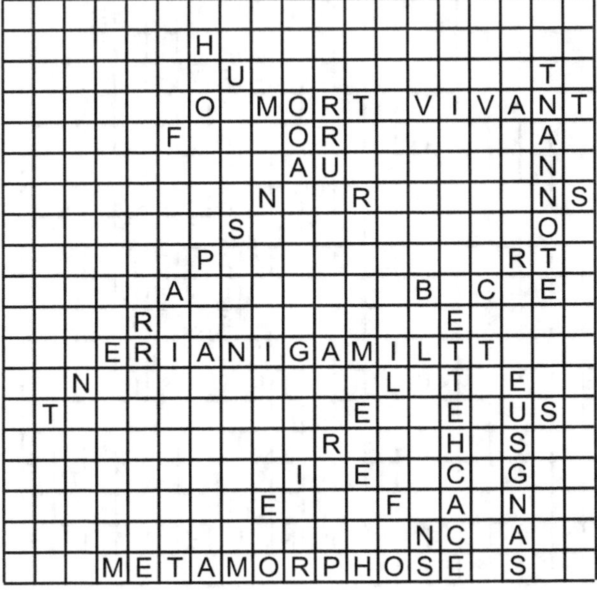

HALLOWEEN #5

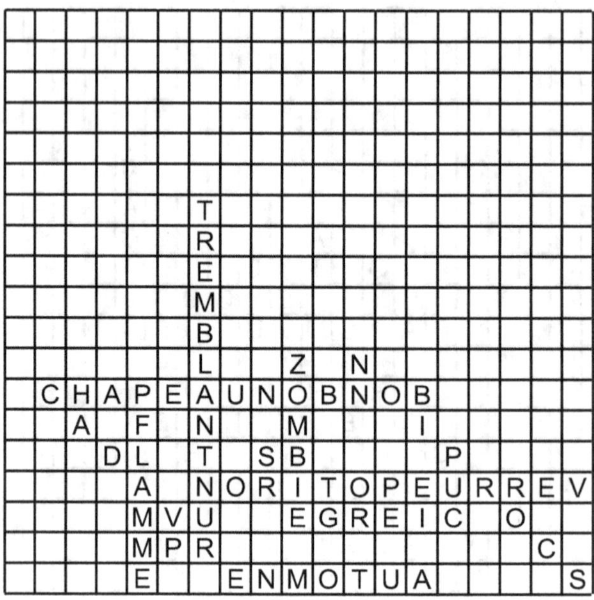

HALLOWEEN #6

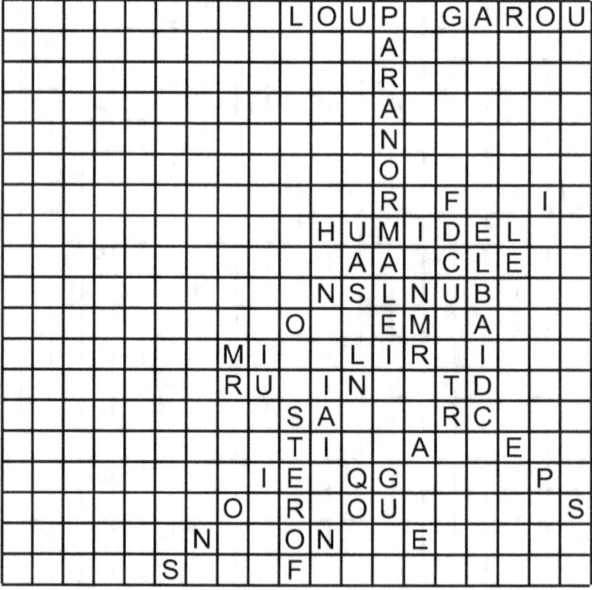

HALLOWEEN #7

HALLOWEEN #8

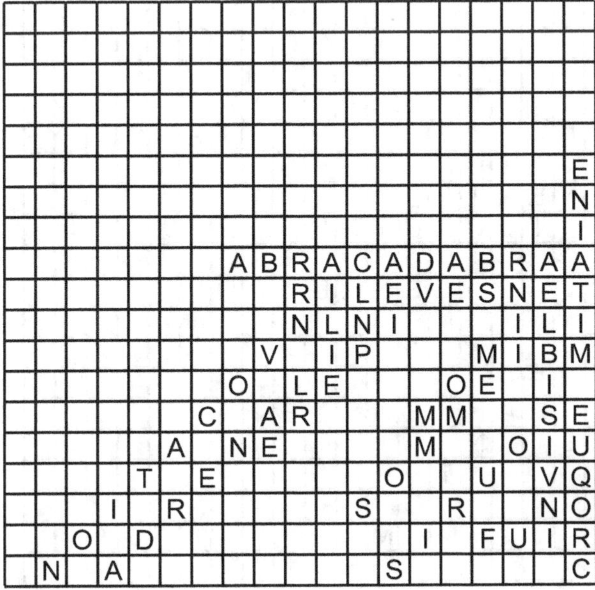

HALLOWEEN #9

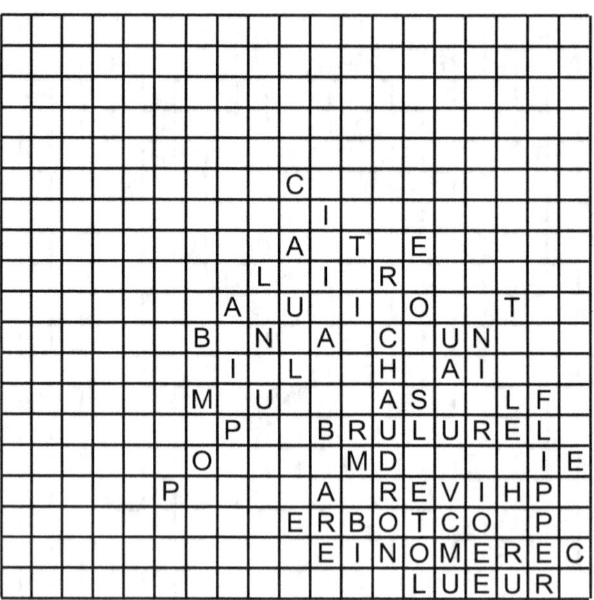

HALLOWEEN #10

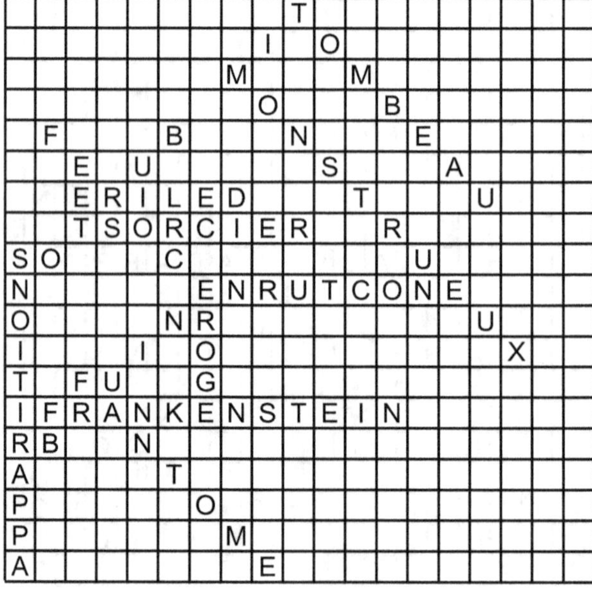

HALLOWEEN #11

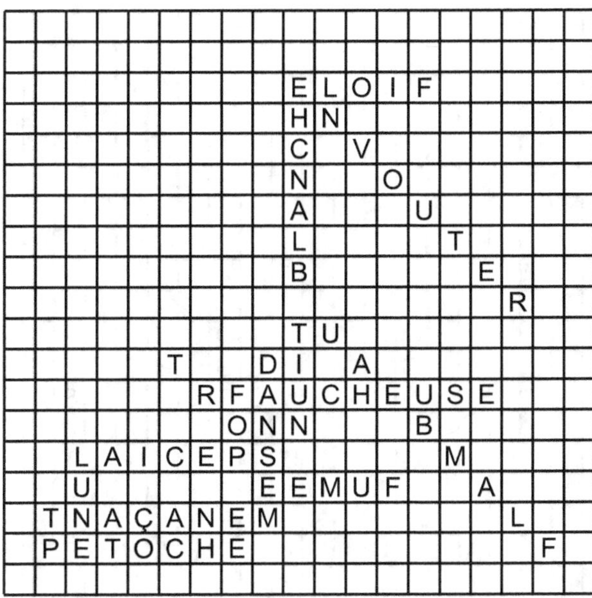

HALLOWEEN #12

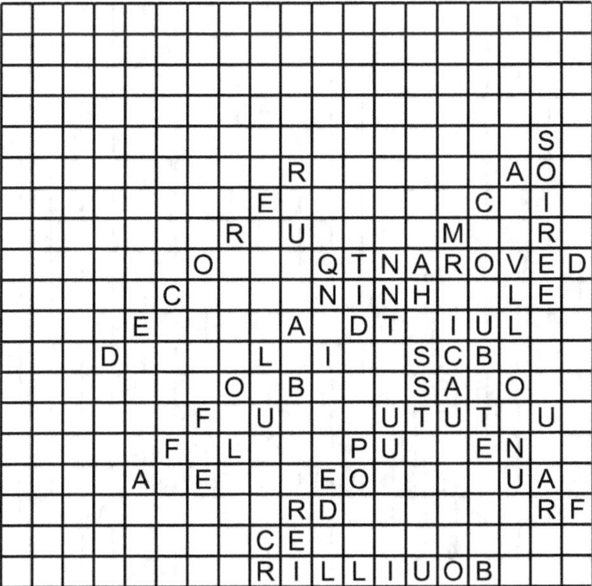

HALLOWEEN #13

HALLOWEEN #14

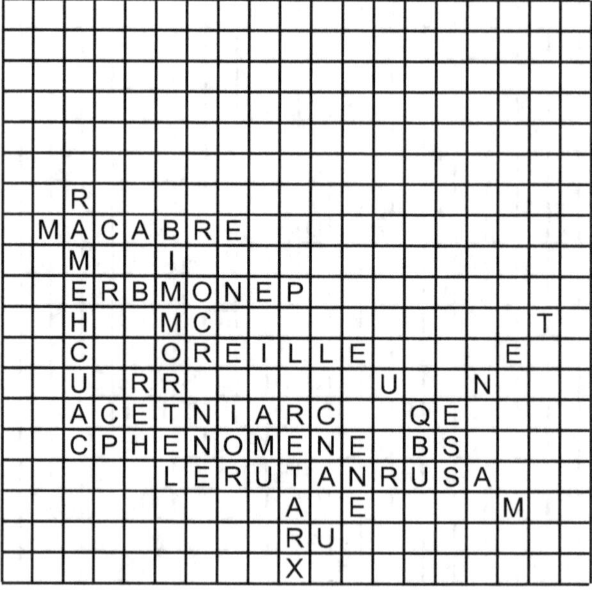

HALLOWEEN #15

HALLOWEEN #16

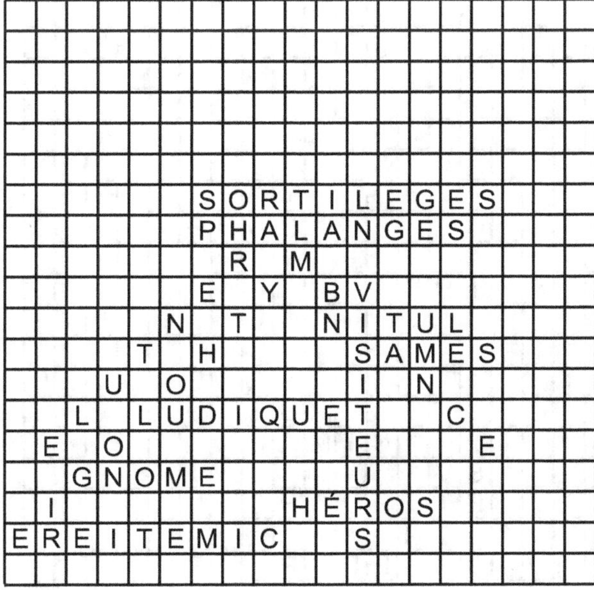

HALLOWEEN #17

HALLOWEEN #18

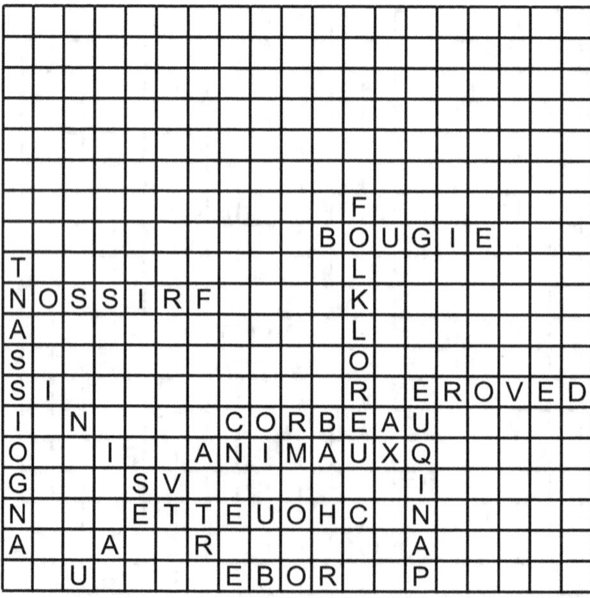

HALLOWEEN #19

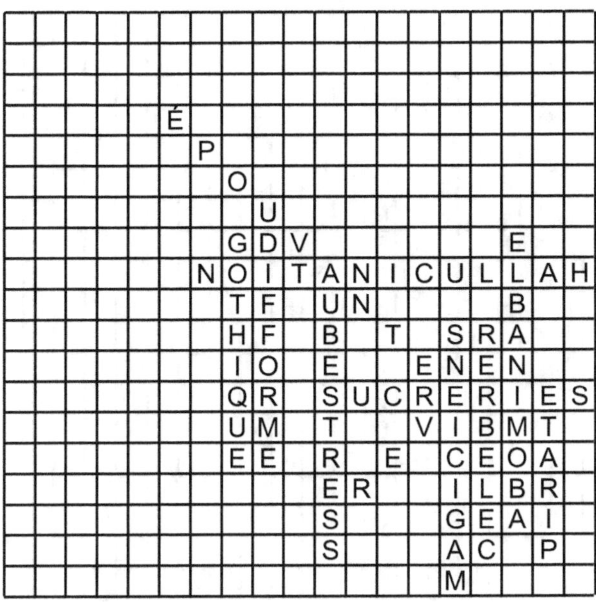

HALLOWEEN #20

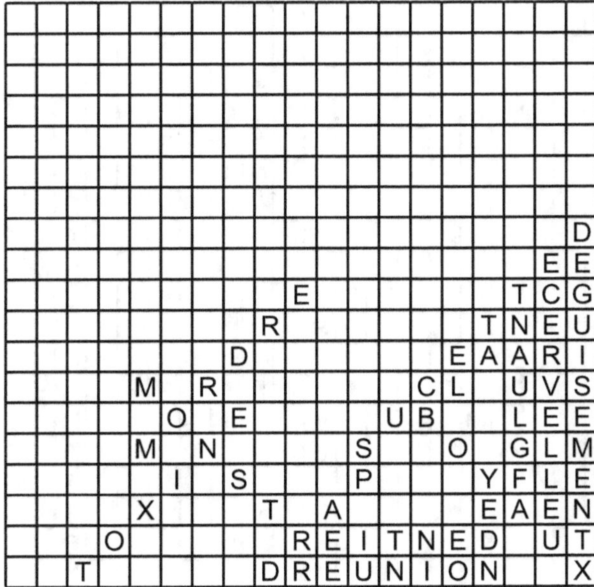

HALLOWEEN #21

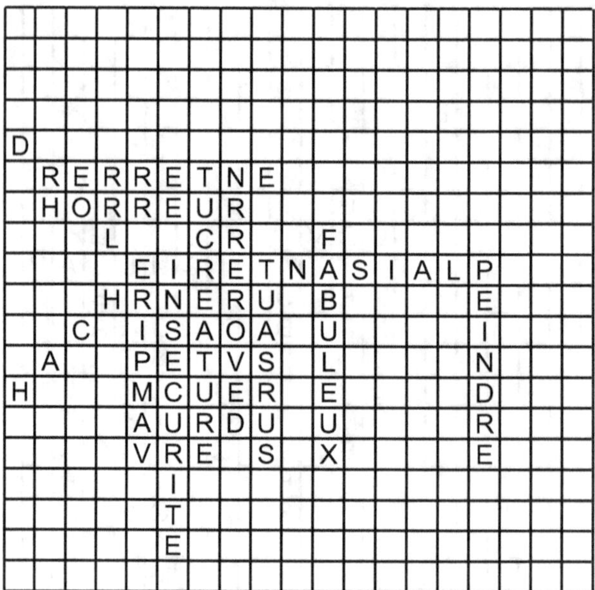

HALLOWEEN #22

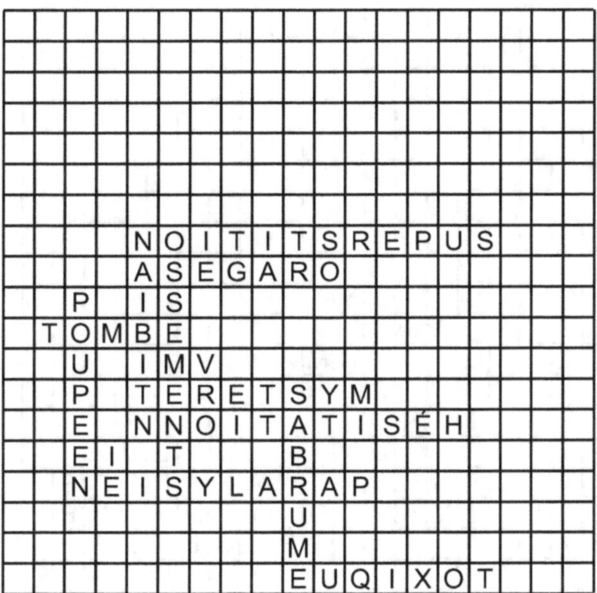

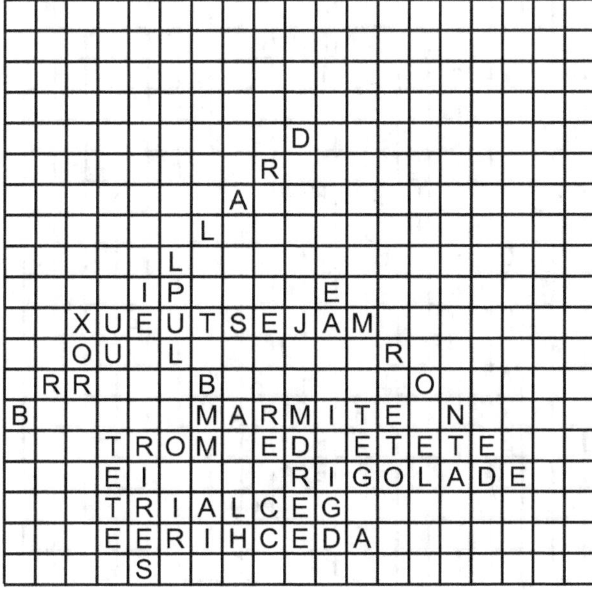

HALLOWEEN #25

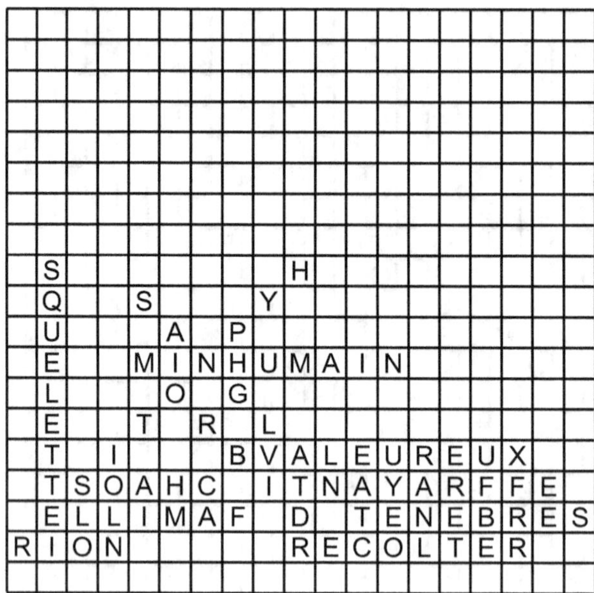

HALLOWEEN #26

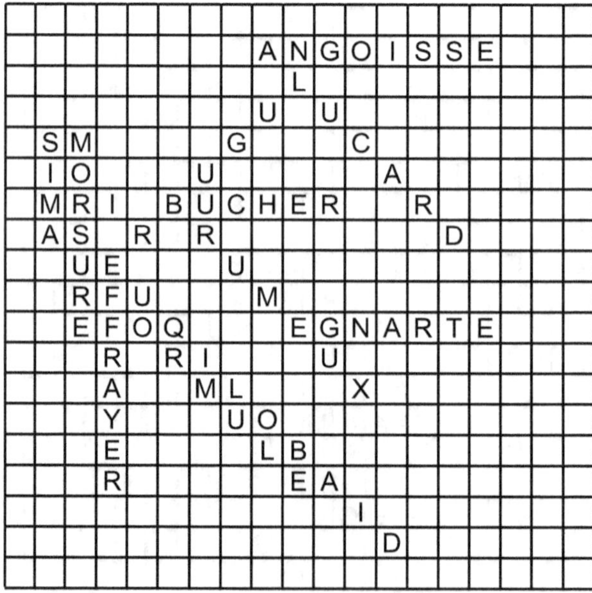

HALLOWEEN #27

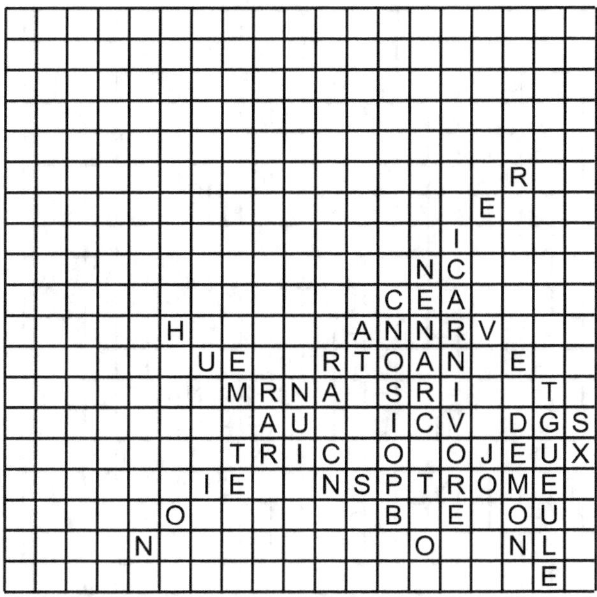

HALLOWEEN #28

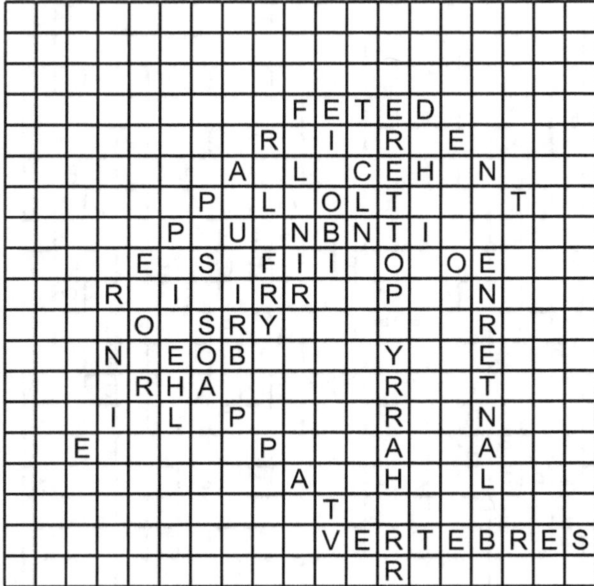

HALLOWEEN #29

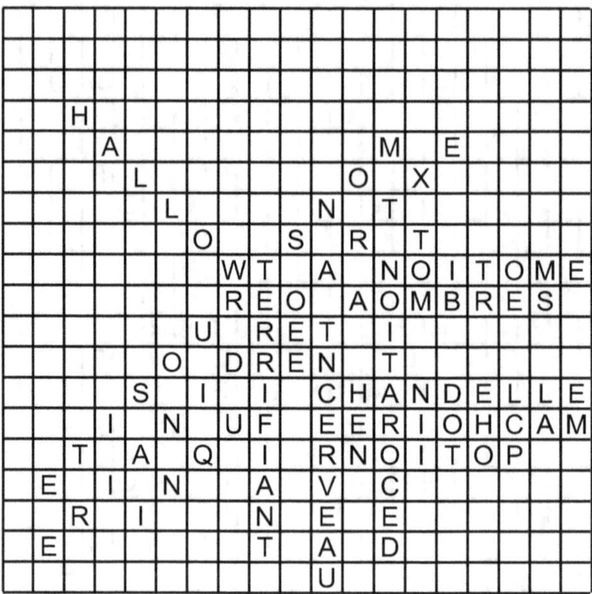

HALLOWEEN #30

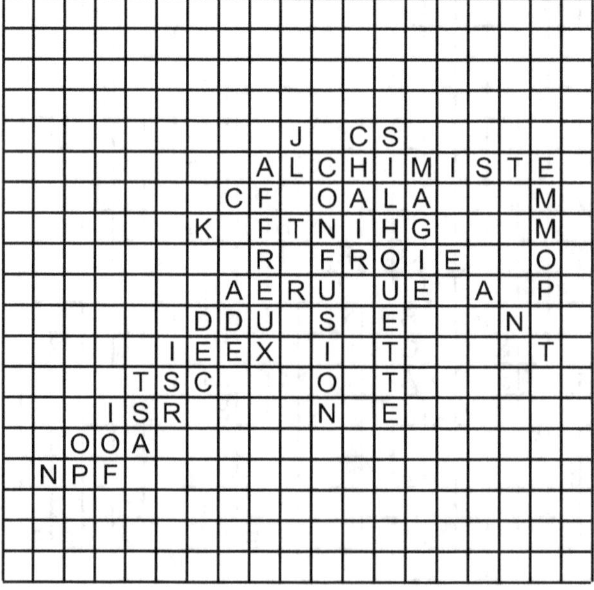

9 798686 758 0908